KB250393

평범한 우리 어린이들을 다음 세대
위인으로 만들어 줄 교과서 위인 이야기!
효리원의 교과서 위인 이야기는 초등학교
교과 과정에 나오는 국내외 위인들을, 우리나라
최고 아동 문학가 53인이 재미있게 동화로 구성했습니다.
지혜와 용기로 위대한 삶을 산 위인들의 이야기는,
어린이들의 마음속에 ‘나도 할 수 있다.’는
희망의 씨앗을 심어 줄 것입니다!

재치와 우정으로 나라를 지킨 충신

오성과 한음

김희숙 글 / 심춘숙 그림

효리원
hyoreewon.com

독서 입문기 또는 초보기에 들어선 어린이들은 언어와 함께 사회, 문화에 대한 적응을 하게 됩니다. 옳고 그름을 판단하는 종합적 사고를 할 줄 알게 되고, 문자에 대한 흥미도 점차 높아지며, 상상력이 최고조에 달하게 되지요.

따라서 이 시기의 독서는 어휘를 확장시키고 말하는 능력을 발달시켜 주며, 풍부한 상상력과 함께 상황에 어울리는 적절한 감정 표현을 할 수 있도록 지도하는 방향으로 이루어져야 합니다.

이 책은 오성과 한음의 일화와 업적을 중심으로, 친구를 사귀는 법, 주변에서 발생한 문제를 슬기롭게 헤쳐 나가는 법, 옳다고 생각하는 일에는 목숨을 거는 용기 등 다양한 내용을 담고 있습니다.

책의 구조상 소단원 하나하나가 어린이들에게 흥미와 재미를 주므로 어린이들과 함께 여러 가지 이야기를 나누어 볼 수 있을 것입니다.

학부모님과 선생님께서는 책을 읽어 가면서 의문이 생길 수밖에 없는 당시 조선의 사회 구조와 임진왜란 전후의 시대 상황, 그리고 사람들의 생활 모습 등에 대해 이야기해 주십시오.

덧붙여 자연스럽게 '너라면 이 문제를 어떻게 해결하겠니?'라는 질문을 통해 어린이가 스스로 문제 해결력을 키워 나갈 수 있도록 도와주세요. 아울러 무한한 상상의 세계로 빠져들도록 이끌어 주시기를 바랍니다.

여러분은 평생 친구로 삼고 싶은 사람이 있나요? 아니면 지금 그런 친구가 있나요?

오성과 한음은 어릴 때 친구가 되어 평생을 같이하였답니다. 같은 서당에서 공부하면서 자라 같은 해에 결혼하였으며, 같은 해에 과거에 합격했지요.

두 사람은 마지막까지 나라의 잘못된 점을 바로잡기 위해 노력하다가 벼슬을 빼앗긴 것까지도 똑같답니다.

담력이 크고 재치가 있어 다른 사람이 할 수 없는 일도 서슴지 않았던 오성과 한음은 재미있는 일화를 많이 남겼습니다.

여러분도 이 책을 읽고 진정한 우정이 무엇인지 생각해 보세요. 그리고 그런 우정을 지키며 평생을 같이할 친구를 한 명쯤은 꼭 만나기를 바랍니다.

글쓴이 김 희 숙

차 례

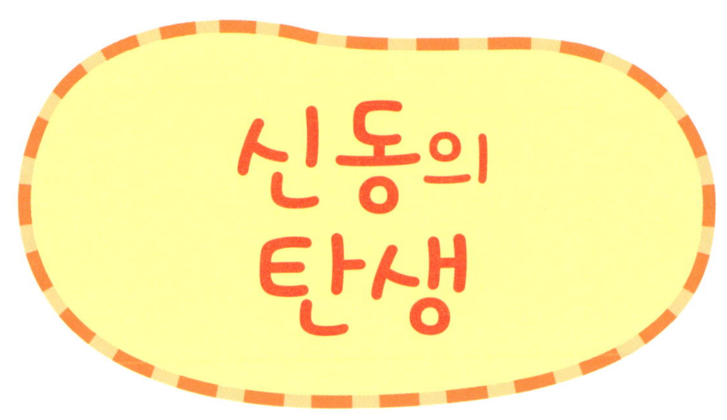

1556년 10월 어느 날, 서울 북촌의 한 양반집에 아기가 태어났습니다. 어머니의 배 속에서 두 달이나 앞서 나온 아기였습니다.

그런데 아기는 이틀 동안 젖을 먹지도 않고, 사흘 동안 울지도 않았습니다. 아버지와 어머니는 걱정스런 마음에 점쟁이를 불렀습니다. 앞을 보지 못하는 점쟁이는 가만가만 점괘를 짚어 보더니 깜짝 놀라 말했습니다.

"이렇게 좋은 점괘는 처음 봅니다! 걱정하실 것 없습니다.

장차 귀하게 될 아이입니다.”

“그게 정말인가?”

“예, 제 점괘는 한 번도 틀린 적이 없습니다.”

“그럼 어디 한번 자네를 믿어 봄세.”

걱정이 태산 같던 아버지는 비로소 마음을 놓았습니다.

잠시 후 점쟁이는 집으로 돌아갔습니다.

그런데 참으로 이상한 일이었습니다. 이제껏 울지도 않고 젖을 빨지도 않던 아기가 신기하게도 울음을 터뜨리더니 젖을 빨기 시작한 것입니다.

이처럼 태어났을 때부터 남달랐던 아이는 점쟁이의 예언대로 잘 자랐습니다. 훗날 임진왜란 때 큰 공을 세우고 일등 공신이 되어 영의정 벼슬에까지 오른 이 아이는 바로 이항복입니다.

이항복은 선조에 의해 오성 부원군에 봉해져, 항복이라는

이름보다는 흔히 오성이라고 불립니다.

오성이 태어나고 5년 후, 영의정을 지냈던 이극균의 4대손 이민성 지사가 아들을 낳았습니다.

아이는 태어날 때부터 다른 아이들보다 몸집이 아주 컸습니다. 이 아이가 바로 오성과 평생 친구가 되어 위태로운 나라를 구한 한음 이덕형입니다.

한음은 어릴 때부터 재주가 많고 침착했으며, 문학에 통달했습니다. 그리고 오성은 여덟 살 때 '칼과 거문고'라는 제목으로 시를 지어 주위 사람들을 놀라게 했습니다.

이렇게 오성과 한음은 어릴 때부터 놀라운 글솜씨와 슬기로움을 지녀 신동으로 불렸습니다.

　오성이 서당에 입학했습니다. 서당에는 여러 명의 학생들이 공부하고 있었습니다. 그런데 그중 유난히 눈이 반짝이는 한 아이가 눈에 들어왔습니다. 오성은 그 아이와 친구가 되고 싶었습니다.

　따스한 햇볕이 서당 안까지 깊숙이 들어오는 어느 날 오후였습니다. 대부분의 아이들은 졸음을 견디지 못해 꾸벅꾸벅 졸기 시작했습니다. 심지어 훈장님마저 고개가 옆으로 떨어질 정도로 졸고 있었습니다.

오성은 주위를 둘러보았습니다. 졸지 않고 책을 읽고 있는 아이는 하나뿐이었습니다. 오성이 친구가 되고 싶어하는 바로 그 아이였습니다.

오성은 그 아이 옆으로 다가갔습니다. 그러고는 말을 걸기 위해 어깨를 탁 쳤습니다.

"아앗!"

갑자기 누군가가 어깨를 치자 깜짝 놀란 아이가 소리쳤습니다. 그 바람에 졸고 있던 모든 사람들이 깜짝 놀라 깨고 말았습니다.

그중에서도 가장 놀란 훈장님이 물었습니다.

"한음아, 무슨 일로 악을 썼느냐?"

"누군가가 제 어깨를 쳐서 놀랐습니다."

"누가 쳤느냐?"

"책을 읽고 있어서 누구인지는 알 수 없사옵니다."

회초리를 맞을까 걱정했던 오성은 휴, 하고 한숨을 내쉬었습니다.

서당 공부가 끝나자 오성은 한음의 뒤를 따라 나와 한음을
불러 세웠습니다.

"내가 때렸다고 왜 말 안 했어?"

"이르는 것은 좋지 않은 행동이니까.
그런데 왜 나를 때렸던 거야?"

“너랑 친구 하고 싶어서. 네 이름이 뭐야? 난 이항복이야. 경주 이가. 나이는 열한 살이고.”

“나는 이덕형. 광주 이가야. 그리고 난 여섯 살.”

“뭐? 여섯 살? 그런데 왜 이렇게 몸집이 커?”

“나이에 비해 좀 큰 편이야.”

오성은 고개를 끄덕인 후 다시 물었습니다.

“우리, 나이 상관하지 말고 친구 할래?”

“그래, 좋아.”

이번에는 한음이 고개를 끄덕였습니다. 오성은 웃으며 한음을 향해 손을 내밀었습니다. 한음이 오성의 손을 마주 잡았습니다.

따스한 봄날, 두 신동이 평생을 함께 할 친구를 만난 것입니다.

여름내 뜨겁게 내리쬐던 햇볕이 차츰 강한 빛을 잃어 갈 무렵, 오성의 집 감나무에는 뺄갛게 감이 익고 있었습니다.

오성과 한음은 서당 공부를 마치기가 무섭게 걸음을 재촉하여 집으로 돌아와서는 하인을 불렀습니다. 하인은 한달음에 달려왔습니다.

"도련님, 무슨 일이십니까?"

"감 좀 따 오너라. 저기 저쪽 가지의 감이 더 맛있어 보이는구나."

오성은 옆집으로 넘어간 가지 쪽을 가리켰습니다.

하인은 깜짝 놀라며 손을 저었습니다.

"옆집 하인들이 옆집으로 넘어간 저 가지의 감은 자기네 감이라고 손도 못 대게 합니다."

"아니, 세상에 그런 법이 어디 있단 말이냐?"

오성과 한음은 어처구니가 없었습니다.

하인은 진지한 태도로 물었습니다.

"옆집이 어떤 분 댁인지 아시지요?"

"판서인 권철 대감님 댁 아니냐?"

"예, 맞습니다. 자기네 대감님이 참판이신 우리 마님보다 벼슬이 더 높다고 저희들을 꼼짝 못하게 합니다."

"뭐라고? 당장 가서 따져야겠다. 가자, 권 대감님 댁으로!"

오성은 앞장서서 걸었습니다. 한음은 오성의 뒤를 따랐습니다.

잠시 후, 오성과 한음은 권 대감 집 솟을대문(기둥을 높게 지은 대문) 앞에 섰습니다. 오성은 큰 소리로 외쳤습니다.

“이리 오너라!”

“아이고, 도련님이 어인 일이십니까?”

마침 마당을 쓸고 있던 권 대감 집 하인이 얼른 문을 열고는 오성에게 반갑게 인사를 했습니다.

“안에 대감님 계시지?”

“예, 그런데 무슨 일로…….”

오성은 대답 대신 대문 앞에 한음을 남겨 놓고 후원을 향해 걸어 들어갔습니다. 그리고 사랑채 문 앞으로 다가갔습니다.

“대감님 계십니까?”

“누구냐?”

“이웃집에 사는 이항복이라고 하옵니다.”

“들어오너라.”

오성은 신발을 벗고 사랑채 마루로 올라가 장지문(방과 방 사이, 방과 마루 사이에 칸을 막아 끼우는 문) 앞에 서서 호흡을 가다듬었습니다. 그러고는 배에다 힘을 주며 말했습니다.

“실례하겠습니다.”

말을 마치자마자 오성은 오른팔을 힘껏 내뻗었습니다.

퍽! 하는 소리와 함께 오성의 주먹이 장지문의 창호지를 뚫고 방 안으로 쑥 들어갔습니다.

"이게 무슨 짓인고!"

책을 읽고 있던 권 대감은 깜짝 놀라 다급히 외쳤습니다.

"한 가지 여쭙겠습니다. 지금 방 안으로 들어가 있는 이 팔은 누구의 팔이옵니까?"

"그건 네 팔이지."

"그럼 저 담을 넘어 대감님 댁으로 뻗어 온 저 감나무 가지는 누구의 것입니까?"

비로소 오성이 창호지를 뚫고 팔을 들이민 이유를 눈치챈 권 대감은 부드러운 목소리로 대답했습니다.

"뿌리가 너의 집에 있으니 너의 집 감나무지."

"그럼 감나무에 달린 감은 누구의 것이옵니까?"

"그것도 당연히 너의 집 것이지."

"하온데 어찌하여 대감님 댁 하인들은 저의 집 하인들에게

감을 따지 못하게 하는 것이옵니까?”

“그런 일이 있었더냐? 미안하게 되었구나. 앞으로는 그런 일이 없도록 주의를 주마.”

“대감님께서 그리 말씀하시니 오히려 제가 송구스럽습니다.

무례한 행동을 너그럽게 용서하여 주십시오.”

“마음 쓰지 마라. 그리고 집으로 돌아가 있어라. 내 곧 감을 보내마.”

오성은 정중히 인사하고 돌아서서 나왔습니다.

잠시 후, 오성과 한음은 권 대감 집에서 가져온 감을 맛있게 먹었습니다.

그날 이후 권 대감은 오성을 관심 있게 지켜보았습니다. 마음속으로 오성을 손녀사위로 점찍어 놓았던 것입니다.

권 대감의 아들은 임신왜란 때 행주산성에서 왜군을 크게 무찌른 권율 장군이었습니다. 오성은 훗날 이 권율 장군의 사위가 되었습니다.

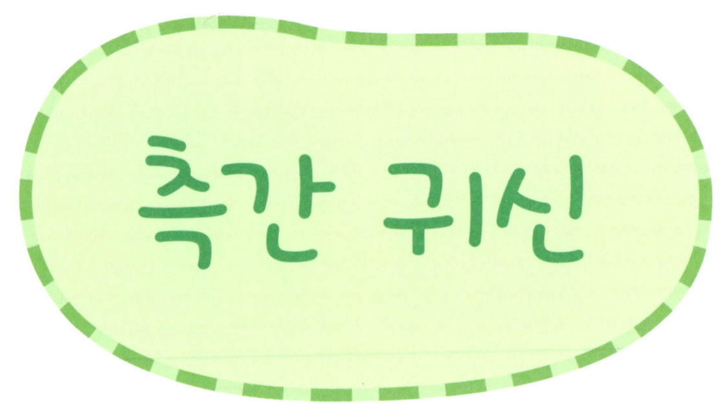

오성이 혼인한 해에 한음도 이산해 참판의 사위가 되었습니다. 어느덧 혼인한 지 1년이 지났습니다. 하루는 오성이 한음을 만나 말했습니다.

"우리도 이제 어른이 되었는데, 언제까지 장난만 치고 있을 수는 없지 않은가?"

"그렇지. 과거도 보고 벼슬도 하여 이 나라의 훌륭한 신하가 되어야지."

"그러니 우리 절에 들어가서 공부하면 어떻겠나?"

“그래, 그게 좋겠네!”

　오성과 한음은 새롭게 다짐을 하고, 경기도 보봉산에 있는 ‘화장사’라는 절로 들어갔습니다. 주지 스님은 두 사람을 각별히 보살펴 주었습니다.

오성과 한음은 열심히 공부했습니다. 틈이 나면 절 주변을 산책하고, 산에 오르기도 했습니다.

그러던 어느 날, 아침저녁으로 쌀쌀한 기운이 감돌더니 비가 몹시 내렸습니다. 밤이 깊도록 빗방울 소리가 후드득후드득 들렸습니다. 오성은 책을 덮고는 방바닥에 벌렁 누웠습니다.

"저녁을 잘못 먹었는지 배가 아프네."

오성은 배를 살살 어루만졌습니다. 그러더니 슬그머니 일어나 밖으로 나갔습니다. 한음이 물었습니다.

"이 밤중에 어디 가는가?"

"똥 싸러."

오성은 느긋하게 대답했습니다. 한음은 싱거운 오성의 말에 그만 웃고 말았습니다.

똥을 싸도 몇 번 쌌을 정도의 시간이 지나고 나서야 오성이 몸을 부르르 떨며 돌아왔습니다.

"왜 이렇게 늦었는가? 막 찾으러 나서려던 참이네."

"아, 그게 말일세. 측간(화장실) 귀신을 만났지 뭔가."

"측간 귀신?"

"응, 측간 귀신이 나보고 오성 대감이 될 거라더군."

"오성 대감?"

"그래, 자네도 한번 가 보지 그러나?"

"좋아, 나도 갔다 와야겠네."

한음은 보던 책을 덮고 벌떡 일어나 나갔습니다.

잠시 후 측간에 도착한 한음이 가만히 문을 열었습니다.

"삐—걱!"

뻑뻑한 측간 문이 열리는 소리가 요란했습니다. 한음은 머리카락이 곤두서는 것을 느끼며 디듬디듬 안으로 들어가 허리춤을 풀고 앉았습니다. 그렇게 한참을 앉아 있자니 다리가 저릿저릿해 왔습니다. 아랫도리도 점점 추워졌습니다. 하지만 한음은 이왕 온 김에 측간 귀신을 만나고 가야 한다는 생각에 참았습니다. 그러나 한참을 기다려도 측간 귀신은 나타나지 않았습니다.

"휴, 오성에게 또 속았군."

한음이 막 일어서려고 할 때였습니다. 갑자기 누군가
가 한음의 상투를 꽉 움켜잡았습니다. 깜짝 놀란 한음은
다리에 힘이 저절로 빠져 다시 주저앉고 말았습니다. 하
지만 이내 정신을 가다듬은 한음은 상대가 오성이라 생
각하고 장난스레 물었습니다.

“그래, 나는 무엇이 될 것 같소?”

“영상 대감이 되겠구나.”

상투를 잡은 것이 오성이라고 생각했던 한음은 다른 목소리가 들리자 깜짝 놀랐습니다.

“누가 이런 장난을 한단 말이오!”

갑자기 한음은 상투를 잡고 있던 손을 힘차게 꼬집어 비틀었습니다.

“아얏!”

순간 상투를 잡고 있던 손이 풀렸습니다. 한음은 재빨리 측간을 뛰쳐나왔습니다.

“측간 귀신은 만났는가?”

저만치에서 오성이 다가오며 물었습니다.

“응, 영상 대감이 될 거라던데.”

“우리 둘 다 영의정을 하면 되겠군그래.”

오성도 웃으며 맞장구를 쳤습니다.

측간 귀신은 장난을 좋아하는 주지 스님이었습니다. 주지

스님의 예언대로 뒷날 오성은 오성 부원군을 거쳐 영의정이
되었고, 한음은 오성의 뒤를 이어 영의정인 영상 대감이 되었
습니다.

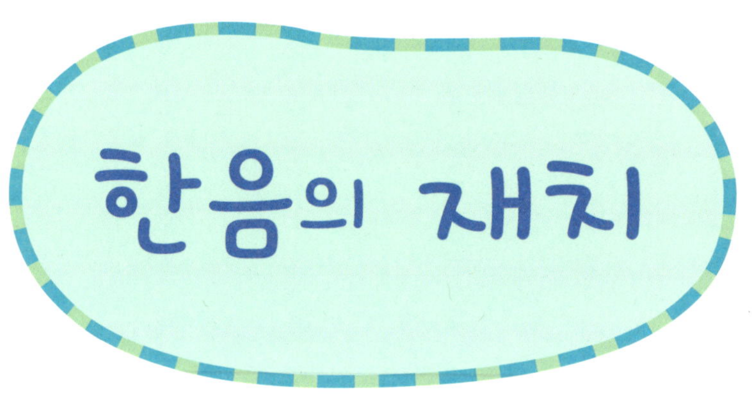

세월은 물과 같이 흘렀습니다. 그동안 열심히 공부한 오성과 한음은 같은 해에 과거에 합격하여 벼슬에 올랐습니다. 오성과 한음을 가까이에서 지켜본 선조 임금은 두 사람의 재주가 뛰어남을 보고 무척 아꼈습니다.

그날도 임금은 오성과 한음을 찾았습니다. 그러나 한음은 대궐 안에 없었습니다. 부인이 아파서 일찍 퇴청(퇴근)했던 것입니다.

'저들의 지혜를 알아보고자 했는데 잘되었구나.'

이렇게 생각한 임금은 대신들을 불러 명을 내렸습니다.

"그대들은 내일 입궐(궁에 들어오는 일)할 때 달걀 세 개씩을 가지고 오도록 하오. 하지만 여기에 없는 대신들에게는 절대 말해선 아니 되오."

오성은 이 사실을 한음에게 알리고 싶었습니다. 하지만 임금의 명을 어길 수 없어 애만 태웠습니다.

이튿날 대신들은 달걀 세 개씩을 가지고 입궐했습니다. 뒤늦게 도착한 한음은 얼른 자기 자리로 가서 머리를 숙였습니다.

"과인이 어제 말한 것을 모두 가져오시오."

임금의 말이 끝나자마자 대신들은 달걀 세 개를 꺼내 임금 앞에 바쳤습니다. 얼굴이 새하얗게 변한 한음은 오성을 힐끗 쳐다보았습니다. 오성은 차마 한음을 바라보지 못하고 외면했습니다.

'오성이 똑바로 쳐다보지도 못하고 저리 있는 것을 보면 분명 무슨 이유가 있을 텐데. 어쨌든 이 고비를 어떻게 뚫고 나갈까?'

한음은 머리를 이리저리 굴렸습니다. 문득 한 가지 좋은 꾀가 떠올랐습니다.

'떨리기는 하지만 그리 하는 수밖에.'

마음을 가다듬은 한음이 갑자기 큰 소리로 외쳤습니다.

"꼬꼬댁, 꼬꼬꼬!"

난데없는 닭 울음소리에 오성은 물론 임금과 대신들 모두 깜짝 놀랐습니다.

임금이 엄숙하게 말했습니다.

"경은 어찌 그리 해괴망측한 행동을 하는 것이오? 어서 달걀이나 내놓으시오."

"신은 달걀보다는 달걀의 어미가 더 좋을 듯 하여 암탉을 가져왔나이다."

"뭐요? 그렇다면 암탉은 어디 있소?"

"방금 암탉이 우는 소리를 들으신 줄 아옵니다."

과거 시험장 풍경 | 옛날에 관리를 뽑던 국가 시험을 과거라고 합니다. 위 사진은 과거 시험을 보는 장면을 재현한 모습입니다.

"으음……."

임금은 한음의 재치에 감탄하여 고개를 끄덕였습니다. 오성과 다른 대신들도 한음의 지혜에 탄복했습니다.

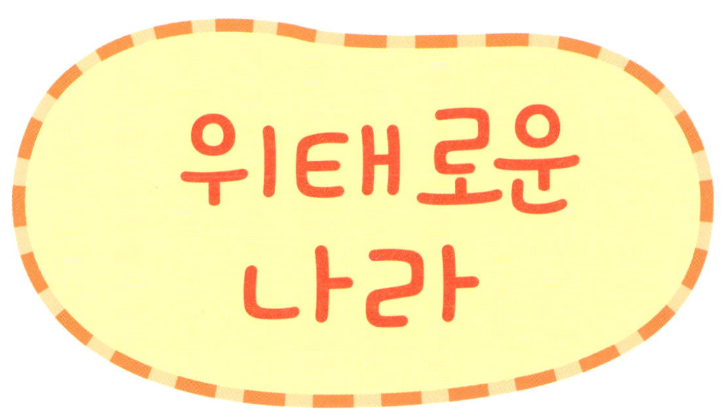

1592년 4월 13일, 임진왜란이 일어났습니다. 끊임없는 당파 싸움으로 전쟁에 대비하지 못한 조선은 제대로 싸워 보지도 못한 채 힘없이 무너졌습니다. 무술에 단련된 몸으로 새로운 무기인 조총을 쏘아 대는 왜군을 당할 수 없는 것은 당연한 일이었습니다.

4월 30일 밤, 세차게 내리는 비를 뚫고 임금은 피란길에 올랐습니다. 말을 탄 남자 몇 명이 앞장서고, 그 뒤로 가마를 탄 왕실 여인들과 십여 명의 궁녀가 뒤따랐습니다.

　그당시 오성은 치질(항문에 생기는 질병)을 앓고 있었는데, 몸을 움직일 수 없을 정도로 병이 심했습니다.

　하지만 오성은 맨 앞에서 등불을 들고 어두운 길을 밝혀 주는 길잡이 역할을 했습니다.

　일행은 평양에 이르렀습니다. 이곳에서 오성은 병조 판서, 한음은 대사헌이 되었습니다.

　6월 11일 밤, 오성과 한음은 나라의 앞일에 대해 심각하게 이야기를 나눈 후 선조 임금 앞으로 나아갔습니다.

　"아무래도 우리의 힘만으로는 왜적을 물리치지 못할 듯하옵니다. 신들이 명나라로 가서 구원병을 청해 올 수 있도록 힘쓰겠나이다. 허락하여 주시옵소서."

　"경들의 의견에 따르리다. 하지만 병조 판서는 지금 나라의 군사를 지휘해야 하니 대사헌만 명나라에 다녀오도록 하오."

　임금의 명에 따라 한음은 명나라로 길을 떠났습니다. 오성은 임금의 행렬을 의주로 인도했습니다.

　임금이 의주에 있다는 소식을 들은 백성들은 스스로 나라를

지키기 위해 여러 지방에서 의병이 되었습니다.

한편, 명나라로 구원병을 요청하러 갔던 한음은 임무를 성공적으로 마치고 무사히 돌아왔습니다.

한음의 공으로 명나라의 이여송이 5만 명의 군사를 이끌고 조선을 돕기 위해 왔습니다. 대사헌 한음은 이여송과 함께 평양을 다시 찾고, 서울로 향했습니다.

　그러나 벽제관에서 크게 패하여 잠시 개성으로 후
퇴할 수밖에 없었습니다. 이여송은 조선과 일본의
화해를 제안했습니다. 화해가 이루어지자 임금은 서
울로 돌아올 수 있게 되었습니다.

이후 2~3년간 사신이 오갔으나, 의견이 맞지 않아 화해는 다시 없던 일이 되었습니다.

1597년 또다시 정유재란이 일어났습니다.

한음은 명나라의 어사 양호를 설득하여 우선 서울의 위기를 막았습니다. 그리고 울산까지 내려가 군사들을 따라다니며 사기를 북돋워 주었습니다.

우의정 오성은 좌의정 한음에게 순천으로 내려가라고 일러 주었습니다. 한음은 오성의 말에 따라 명나라 제독 유정과 함께 순천으로 내려가 통제사 이순신과 합동 작전으로 적장 고니시의 군사를 크게 이겼습니다.

다음 해에 전쟁은 끝이 났습니다.

그당시 우리나라에는 명나라 사람 정웅태가 와 있었습니다. 정웅태는 우리나라 조정이 하는 일을 못마땅하게 생각하여 명나라에 거짓 보고를 올렸습니다.

"조선이 성을 쌓고 군비를 갖추는 것을 보니 장차 반역을 꾀할지도 모르겠사옵니다."

이 소식을 들은 선조 임금은 걱정이 되어 오성에게 말했습니다.

"우의정이 명나라에 가서 정웅태가 거짓 보고를 올린 것이라고 말하시오."

오성은 명나라로 가서 적극적으로 외교 활동을 펼쳐 마침내 정응태의 거짓을 밝히는 데 성공했습니다.

오성이 귀국하자 임금은 크게 기뻐하며 노비와 논밭을 하사(임금이 신하에게 물건을 주는 것)하고, 오성 부원군에 봉했습니다. 이후 오성은 영의정이 되었습니다. 그러나 억울하게 모함을 받은 성혼을 도와주었다가 영의정 자리에서 물러나게 되었습니다. 임금은 오성의 뒤를 이어 한음을 영의정으로 임명했습니다.

1608년 선조 임금이 병으로 세상을 떠나자 광해군이 임금이 되었습니다. 광해군은 지난날 선조 임금이 영창대군(선조의 막내 왕자)을 왕으로 세우고 싶어했을 때 자신을 지켜 주었던 북

이덕형 초상화 | 한음이라는 호로 더 많이 알려진 조선 중기의 문신 이덕형의 초상화입니다.

인 세력을 무시할 수 없었습니다.

북인들은 임해군(선조의 첫째 왕자)을 모함하여 죽이고, 이어 순화군(선조의 여섯째 왕자)도 죽이고 말았습니다. 오성과 한음은 크게 실망했습니다. 나라의 앞날에 대해 걱정도 많아졌습니다.

1613년, 광해군 5년에 조정에는 또다시 피바람이 불었습니다. 인목대비의 아버지 김제남이 외손자인 영창대군을 받들어 임금으로 세우기 위해 반역을 했다는 것이었습니다. 이 누명으로 김제남 일가는 억울하게 죽임을 당했습니다. 이어서 조정에는 어린 영창대군을 처형하자는 상소가 올라왔습니다. 한음은 영창대군을 죽여서는 아니 되니 강화도로 귀양을 보내자고 임금에게 고했습니다.

때를 맞추어 이이첨 등은 폐모론(임금의 어머니인 인목대비로부터 어머니 자격을 빼앗자는 말)을 주장했습니다. 오성은 적극 반대했습니다. 그러자 북인들은 임금에게 오성을 모함했습니다. 임금은 오성의 벼슬을 빼앗았습니다. 오성이 물러나자

의지하던 짝을 잃은 한음은 날마다 술을 마시며 울었습니다.

임금은 한음의 말대로 영창대군을 강화도로 보냈습니다. 그러자 이번에는 북인들이 한음을 모함했습니다. 임금은 몹시 고민한 후 명을 내렸습니다.

"경들의 말대로 죄를 물어 귀양을 보내야 마땅하나, 그동안의 공이 매우 크므로 서울 밖으로 나가서 살 것을 명하노라."

한음은 경기도 양근으로 내려갔다가 경기도 광주로 옮겨 지냈습니다. 그리고 그곳에서 나랏일을 걱정하며 53세의 나이로 숨을 거두었습니다.

1년 후 영창대군은 강화도에서 처형당하고, 인목대비는 서궁에 갇혔습니다.

몇 년이 지나자 북인들은 인목대비를 왕비가 아닌 평민으로 만들기 위한 계략을 꾸몄습니다. 오성은 이에 반대하는 상소를 올렸습니다. 이번에도 임금은 북인들의 압력에 의해 오성에게 벌을 내렸습니다.

"관직과 작위를 모두 빼앗고, 함경도 북청으로 귀양 보낼 것

화산서원 | 경기도 기념물 제46호. 이항복의 학문과 덕행을 기리기 위해 세운 서원으로, 경기도 포천군에 있습니다.

을 명하노라."

북청으로 간 지 다섯 달 정도 되었을 때, 오성은 병을 얻어 63세의 나이로 조용히 세상을 떠났습니다.

1618년 5월 13일이었습니다.

오성 이항복 발자취	연 대		한음 이덕형 발자취
서울 북촌에서 태어나다.	(1세) 1556년		
	1561년	(1세)	태어나다.
권율 장군의 딸과 혼인하다.	(19세) 1574년		
알성 문과에 2등으로 합격하여 승문원 부정자가 되다.	(25세) 1580년	(20세)	별시 문과에 급제하다.
어명을 기록하는 예문관의 검열이 되다.	(26세) 1581년	(21세)	박사가 되고 수찬, 교리 등을 역임하다.
정여립의 옥사를 무난히 수습한 공으로 평난공신 3등에 오르다.	(35세) 1590년		
임진왜란이 일어나자 선조를 도와 의주로 피란 가서 병조 판서가 되다. 이조 판서, 형조 판서, 의정부 우참찬을 맡다.	(37세) 1592년	(32세)	예조 참판과 동시에 대제학을 맡다. 임진왜란이 일어나자 일본 사신과 화의 교섭에 나섰으나 실패하다. 이후 명나라로 가서 원병을 요청하여 성공하다.
명나라 사신 정응태의 비리를 밝히고 오성 부원군이 되다. 이어 영의정이 되다.	(43세) 1598년	(38세)	우의정에 이어 좌의정에 오르다.
	1601년	(41세)	경상도, 전라도, 충청도, 강원도의 4도 도체찰사가 되다.
당파 싸움에 휘말려 영의정을 사직하나.	(47세) 1602년	(42세)	이항복에 이어 영의정에 오르다.
선조가 세상을 뜨고 광해군이 왕위에 오르자 4도 도체찰사, 좌의정, 우의정이 되다.	(53세) 1608년	(48세)	선조가 세상을 뜨고 광해군이 왕위에 오르자 다시 영의정에 복직되다.
인목대비의 폐모론에 적극 나서서 반대했다가 벼슬을 빼앗기고 물러나다.	(58세) 1613년	(53세)	영창대군의 처형에 적극 반대하다가 쫓겨나다. 경기도 광주에 내려가 그곳에서 세상을 떠나다.
북청으로 유배되어 5월 13일, 세상을 떠나다.	(63세) 1618년		

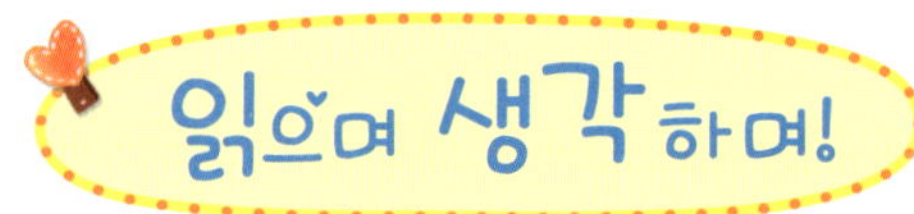

1. 오성과 한음은 호입니다. 두 사람의 이름은 각각 무엇인가요?

2. 다음 글은 누구에 대한 설명인가요? ( ) 안에 들어갈 말을 써 보세요.

오성이 태어나고 5년 후, 영의정을 지냈던 이극균의 4대손 이민성 지사가 아들을 낳았습니다. 아이는 태어날 때부터 다른 아이들보다 몸집이 아주 컸습니다. 이 아이가 바로 오성과 평생 친구가 되어 위태로운 나라를 구한 (   )입니다.

3. 오성은 커서 지금의 국무총리와 같은 벼슬에 올랐습니다. 그 벼슬 이름은 무엇인가요?

4. 다음은 오성과 한음이 하인과 나눈 대화입니다. 글을 읽고 오성의 행동
   에서 본받아야 할 점은 어떤 것인지 써 보세요.

"옆집 하인들이 옆집으로 넘어간 저 가지의 감은 자기네
감이라고 손도 못 대게 합니다."
"아니, 세상에 그런 법이 어디 있단 말이냐?"
오성과 한음은 어처구니가 없었습니다.
하인은 진지한 태도로 물었습니다.
"옆집이 어떤 분 댁인지 아시지요?"
"판서인 권철 대감님 댁 아니냐?"
"예, 맞습니다. 자기네 대감님이 참판이신 우리 마님보다
벼슬이 더 높다고 저희들을 꼼짝 못하게 합니다."
"뭐라고? 당장 가서 따져야겠다. 가자, 권 대감님 댁으로."

5. 오성은 권 대감 집 하인들이 감을 따지 못하게 한다는 말을 듣고 권 대
   감을 찾아갑니다. 권 대감은 차근차근 잘못을 따지는 오성에게 사과를
   합니다. 만약 여러분이 권 대감이었다면 어떻게 행동했을지 상상해 보
   세요.

6. 임진왜란이 일어나자 오성과 한음은 임금에게 다음과 같이 말합니다. 나라에 어려운 일이 생겼을 때 여러분이 할 수 있는 일은 무엇일지 생각해 보세요.

　"아무래도 우리의 힘만으로는 왜적을 물리치지 못할 듯하옵니다. 신들이 명나라로 가서 구원병을 청해 올 수 있도록 힘쓰겠나이다. 허락하여 주시옵소서."
　"경들의 의견에 따르리다. 하지만 병조 판서는 지금 나라의 군사를 지휘해야 하니 대사헌만 명나라에 다녀오도록 하오."
　임금의 명에 따라 한음은 명나라로 길을 떠났습니다.

7. 광해군이 왕이 된 뒤, 북인들의 모함을 받아 오성은 귀양을 가고 한음은 서울 밖으로 쫓겨났습니다. 이처럼 당파를 나누어 싸우는 것에 대해 어떻게 생각하나요? 여러분의 생각을 써 보세요.

1. 이항복(오성), 이덕형(한음).

2. 한음 이덕형.

3. 영의정.

4. 예시 : 잘못된 일은 바로잡아야 한다고 생각하고 행동으로 옮긴 점을 본받아야
한다. 그냥 지나칠 수도 있는 일이었지만, 오성은 힘 있는 권 대감을 찾아가 잘
못된 점을 말했다. 사람들은 힘 있는 사람 앞에서는 할 말을 잘 못하는데, 오성은
두려워하지 않고 당당하게 말했다. 그런 점도 본받아야 한다고 생각한다. 아무리
강한 사람 앞이라 하더라도 잘못을 바로잡으려는 마음을 꺾어서는 안 된다.

5. 예시 : 어른도 아니고 아이가 찾아와 따지듯 말했으니 화가 날 것 같다. 그래서
말을 다 들어 보기도 전에 혼낼 것이다. 어른에게 버릇없이 굴면 안 된다고 하면
서 말이다. 권 대감처럼 힘 있는 사람이라면 더욱 기분 나빠 하면서 벌을 줄지도
모르겠다. 그런 생각을 하니, 솔직하게 사과한 권 대감은 마음이 너그러운 사람
인 것 같다.

6. 예시 : 우리는 아직 어리기 때문에 나라에 어려운 일이 생겨도 크게 도울 수는 없
을 것이다. 그렇지만 차분하게 각자 할 일을 열심히 한다면, 어른들이 마음 놓고
어려운 일을 푸는 데 집중할 수 있을 것이다. 그렇기 때문에 어려울 때일수록 마
음을 안정시키고 평상시처럼 행동하는 것이 나라를 돕는 길이라고 생각한다.

7. 예시 : 파를 나누어 싸우는 것은 어디에서나 볼 수 있다. 학교에서도 끼리끼리 모
여서 다른 친구들은 끼워 주지 않는 아이들이 있다. 정치를 하는 사람들도 파를
나누어 싸우기도 한다. 이런 행동은 다른 사람을 받아들이지 않고 자신만 생각하
는 이기적인 마음에서 생겨나는 것이다. 나라가 발전하기 위해서는 싸움보다는
단결이 필요하다. 자신의 생각도 중요하지만, 다른 사람도 배려하는 마음을 갖도
록 노력해야 한다.

위인 (한국사)

- 광개토태왕 (374~412)
- 연개소문 (?~666)
- 을지문덕 (?~?)
- 김유신 (595~673)
- 대조영 (?~719)
- 장보고 (?~846)
- 왕건 (877~943)
- 강감찬 (948~1031)
- 최무선 (1328~1395)
- 황희 (1363~1452)
- 세종대왕 (1397~1450)
- 장영실 (?~?)
- 신사임당 (1504~1551)
- 이이 (1536~1584)
- 허준 (1539~1615)
- 유성룡 (1542~1607)
- 한석... (1543~)
- 이순... (1545~)
- 오성 한음 (오성 1 1618 / 한음 15 1613)

한국사 연표 (사건)

- 고조선 건국 (B.C. 2333)
- 철기 문화 보급 (B.C. 300년경)
- 고조선 멸망 (B.C. 108)
- 고구려 불교 전래 (372)
- 신라 불교 공인 (527)
- 고구려 살수 대첩 (612)
- 신라 삼국 통일 (676)
- 대조영 발해 건국 (698)
- 장보고 청해진 설치 (828)
- 견훤 후백제 건국 (900)
- 궁예 후고구려 건국 (901)
- 왕건 고려 건국 (918)
- 귀주 대첩 (1019)
- 윤관 여진 정벌 (1107)
- 고려 강화로 도읍 옮김 (1232)
- 개경 환도, 삼별초 대몽 항쟁 (1270)
- 문익점 원에서 목화씨 가져옴 (1363)
- 최무선 화약 만듦 (1377)
- 조선 건국 (1392)
- 훈민정음 창제 (1443)
- 임진왜란 (1592~1598)
- 한산도 대첩 (1592)
- 허준 동의... 완성 (1610)
- 병자호란 (1636)
- 상평통보 전국 유통 (1678)

시대 구분 (한국사)

| B.C. 선사 시대 및 연맹 왕국 시대 | A.D. 삼국 시대 | 698 남북국 시대 | 918 고려 시대 | 1392 |

연대: 2000 · 500 · 400 · 300 · 100 · 0 · 300 · 500 · 600 · 800 · 900 · 1000 · 1100 · 1200 · 1300 · 1400 · 1500 · 160...

시대 구분 (세계사)

| B.C. 고대 사회 | A.D. 375 중세 사회 | 1400 |

세계사 연표

- 중국 황하 문명 시작 (B.C. 2500년경)
- 인도 석가모니 탄생 (B.C. 563년경)
- 알렉산더 대왕 동방 원정 (B.C. 334)
- 크리스트교 공인 (313)
- 게르만 민족 대이동 시작 (375)
- 로마 제국 동서로 분열 (395)
- 수나라 중국 통일 (589)
- 이슬람교 창시 (610)
- 수 멸망 당나라 건국 (618)
- 러시아 건국 (862)
- 거란 건국 (918)
- 송 태종 중국 통일 (979)
- 제1차 십자군 원정 (1096)
- 테무친 몽골 통일 칭기즈 칸이 됨 (1206)
- 원 제국 성립 (1271)
- 원 멸망 명 건국 (1368)
- 잔 다르크 영국군 격파 (1429)
- 구텐베르크 금속 활자 발명 (1450)
- 코페르니쿠스 지동설 주장 (1543)
- 도요토미 히데요시 일본 통일 (1590)
- 독일 30년 전쟁 (1618)
- 영국 청교 혁명 (1642~...)
- 뉴턴 만유인력 법칙 발견 (1665)

세계 위인

- 석가모니 (B.C. 563?~B.C. 483?)
- 예수 (B.C. 4?~A.D. 30)
- 칭기즈 칸 (1162~1227)

한국사

인물

- 정약용 (1762~1836)
- 김정호 (?~?)
- 주시경 (1876~1914)
- 김구 (1876~1949)
- 안창호 (1878~1938)
- 안중근 (1879~1910)
- 우장춘 (1898~1959)
- 방정환 (1899~1931)
- 유관순 (1902~1920)
- 윤봉길 (1908~1932)
- 이중섭 (1916~1956)
- 백남준 (1932~2006)
- 이태석 (1962~2010)

사건

- 이승훈 천주교 전도 (1784)
- 최제우 동학 창시 (1860)
- 김정호 대동여지도 제작 (1861)
- 강화도 조약 체결 (1876)
- 지석영 종두법 전래 (1879)
- 갑신정변 (1884)
- 동학 농민 운동, 갑오개혁 (1894)
- 대한 제국 성립 (1897)
- 을사 조약 (1905)
- 헤이그 특사 파견, 고종 퇴위 (1907)
- 한일 강제 합방 (1910)
- 3·1 운동 (1919)
- 어린이날 제정 (1922)
- 윤봉길·이봉창 의거 (1932)
- 8·15 광복 (1945)
- 대한 민국 정부 수립 (1948)
- 6·25 전쟁 (1950~1953)
- 10·26 사태 (1979)
- 6·29 민주화 선언 (1987)
- 서울 올림픽 개최 (1988)
- 북한 김일성 사망 (1994)
- 의약 분업 실시 (2000)

시대 구분

조선 시대 | 1876 개화기 | 1897 대한 제국 | 1910 일제 강점기 | 1948 대한민국

연대

1700 · 1800 · 1850 · 1860 · 1870 · 1880 · 1890 · 1900 · 1910 · 1920 · 1930 · 1940 · 1950 · 1970 · 1980 · 1990 · 2000

근대 사회 | 1900 현대 사회

세계사

사건

- 미국 독립 선언 (1776)
- 프랑스 대혁명 (1789)
- 칭·영국 아편 전쟁 (1840~1842)
- 미국 남북 전쟁 (1861~1865)
- 베를린 회의 (1878)
- 칭·프랑스 전쟁 (1884~1885)
- 칭·일 전쟁 (1894~1895)
- 헤이그 평화 회의 (1899)
- 영·일 동맹 (1902)
- 러·일 전쟁 (1904~1905)
- 제1차 세계 대전 (1914~1918)
- 러시아 혁명 (1917)
- 세계 경제 대공황 시작 (1929)
- 제2치 세계 대전 (1939~1945)
- 대평양 전쟁 (1941~1945)
- 국제 연합 성립 (1945)
- 소련 세계 최초 인공위성 발사 (1957)
- 제4치 중동 전쟁 (1973)
- 소련 아프가니스탄 침공 (1979)
- 미국 우주 왕복선 콜럼비아 호 발사 (1981)
- 독일 통일 (1990)
- 유럽 11개국 단일 통화 유로화 채택 (1998)
- 미국 9·11 테러 (2001)

인물

- 워싱턴 (1732~1799)
- 페스탈로치 (1746~1827)
- 모차르트 (1756~1791)
- 나폴레옹 (1769~1821)
- 링컨 (1809~1865)
- 나이팅게일 (1820~1910)
- 파브르 (1823~1915)
- 노벨 (1833~1896)
- 에디슨 (1847~1931)
- 가우디 (1852~1926)
- 라이트 형제 (형. 윌버 1867~1912 / 동생. 오빌 1871~1948)
- 마리 퀴리 (1867~1934)
- 간디 (1869~1948)
- 아문센 (1872~1928)
- 슈바이처 (1875~1965)
- 아인슈타인 (1879~1955)
- 헬렌 켈러 (1880~1968)
- 테레사 (1910~1997)
- 만델라 (1918~2013)
- 마틴 루서 킹 (1929~1968)
- 스티븐 호킹 (1942~2018)
- 오프라 윈프리 (1954~)
- 스티브 잡스 (1955~2011)
- 빌 게이츠 (1955~)

2025년 11월 15일 2판 10쇄 **펴냄**
2013년 10월 25일 2판 1쇄 **펴냄**
2008년 8월 30일 1판 1쇄 **펴냄**

펴낸곳 (주)효리원
펴낸이 윤종근
글쓴이 김희숙 · **그린이** 심춘숙
사진 제공 중앙포토
등록 1990년 12월 20일 · **번호** 2-1108
우편 번호 03147
주소 서울시 종로구 삼일대로 457, 406호
전화 02)3675-5222 · **팩스** 02)765-5222

ⓒ 2008, 2013 (주)효리원

잘못 만들어진 책은 구입하신 서점에서 바꾸어 드립니다.
ISBN 978-89-281-0303-4 64990

이메일 hyoreewon@hyoreewon.com
홈페이지 www.hyoreewon.com